TRAITÉ

D'ANALYSE GRAMMATICALE

ET

D'ANALYSE LOGIQUE

Suivi des Règles pour traduire en latin toutes les espèces de propositions
et les gallicismes

*A l'usage des Écoles primaires,
des Colléges et autres Établissements d'instruction secondaire*

par

Charles MOUGEY
Ancien Professeur de l'Université.

ÉPINAL
IMPRIMERIE BUSY FRÈRES.
—
1875

TRAITÉ

D'ANALYSE GRAMMATICALE

ET

D'ANALYSE LOGIQUE

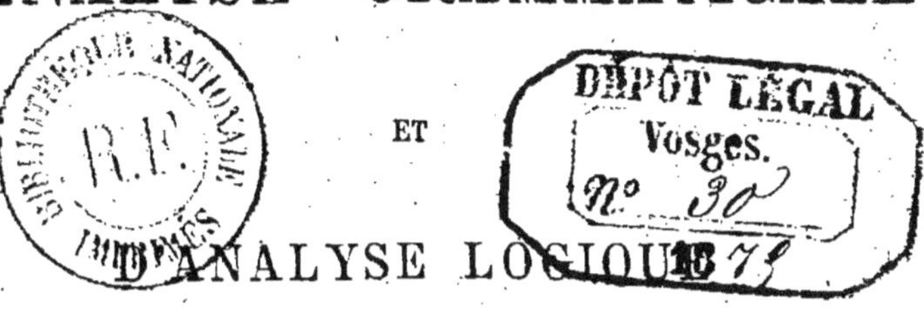

Suivi des Règles pour traduire en latin toutes les espèces de propositions
et les gallicismes

A l'usage des Écoles primaires,
des Colléges et autres Établissements d'instruction secondaire

par

Charles MOUGEY
Ancien Professeur de l'Université.

ÉPINAL
IMPRIMERIE BUSY FRÈRES.

—

1875

PRÉFACE

Trente-cinq années passées dans l'instruction primaire et dans l'instruction secondaire m'ont convaincu que l'exposition de principes nets et clairs d'analyse est la méthode la plus sûre pour arriver facilement et promptement à l'intelligence des règles des différentes grammaires. J'ai pensé qu'il serait utile de combler une lacune des livres scolaires et que je rendrais un service à la jeunesse de nos écoles en publiant un *Traité d'analyse* dans lequel, en donnant les moyens de vaincre toutes les difficultés de la langue française et de la langue latine, j'ai cherché la simplicité dans la forme et dans le langage, simplicité qui est le principe de toute science d'un usage vulgaire; j'aurai atteint mon but, si toutes les règles que je viens exposer sont à la portée des intelligences moyennes d'une classe, et je ne doute pas que tous les jeunes gens, guidés par des maîtres expérimentés comme on en rencontre tant aujourd'hui, ne parviennent en peu de temps à distinguer toutes les propositions d'une phrase, à saisir les rapports qui les unissent, pour arriver à comprendre la pensée des auteurs, pour en percevoir les diverses nuances, pour traduire bien et juste les phrases les plus longues et les plus difficiles, comme aussi pour s'exprimer avec plus de précision dans la langue française.

J'espère que MM. les Professeurs et Instituteurs accueilleront, comme elle me paraît le mériter, une œuvre qui n'est pas sans défaut, certainement, et qu'ils voudront bien me faire part des bienveillantes observations de critique que leur expérience leur fera reconnaître comme fondées.

En un mot, je serai assez récompensé si l'on trouve que mon *Traité*, tout en étant plus complet que d'autres publiés depuis longtemps, a laissé de côté une foule de détails plus ou moins utiles, mais capables d'arrêter la plupart des jeunes intelligences de nos écoles.

Mon mérite est dans la bonne intention.

MOUGEY.

ANALYSE GRAMMATICALE

1. Le mot *analyse* signifie décomposition. Décomposer, c'est prendre une à une toutes les parties d'un tout pour bien faire connaître chacune d'elles et parvenir par ce moyen à mieux se rendre compte de l'ensemble.

2. Comme c'est la grammaire qui enseigne à distinguer l'espèce de mots, le genre, le nombre, la personne, le temps, le mode, les temps primitifs, la conjugaison et les diverses fonctions de chaque mot, cette décomposition s'appelle *analyse grammaticale*.

3. Nous expliquons dans les principes d'analyse logique ce qu'on entend par sujet et compléments, phrase et propositions.

4. L'analyse grammaticale doit se faire d'après le tableau suivant :

Pour un nom Substantif ou nom — espèce — genre — nombre, fonction.

Un substantif peut être sujet : DIEU *est juste*; complément : *Aimons* DIEU; mis en apostrophe : *O mon* DIEU, *ayez pitié de nous!* mis en apposition : *Néron*, EMPEREUR *de Rome, mourut misérablement.*

Pour l'article	Article — espèce — genre — nombre — détermine tel mot ou annonce que tel mot est déterminé.
Pour l'adjectif	Adjectif — espèce — genre — nombre — degré de qualif. qualifie tel mot, détermine tel mot, se rapporte à tel mot.
Pour le pronom	Pronom — espèce — genre — nombre — personne — fonction. Le pronom tenant la place du nom, peut être, comme le nom, sujet, complément ou mis en apostrophe.
Pour le verbe	Personne — nombre — temps — mode — espèce de verbe — temps primitifs, conjugaison. Un verbe à l'infinitif doit être sujet ou complément.
Pour le participe	Participe — espèce — voix — genre — nombre — temps primitifs — conjugaison — qualifie tel mot. Un participe passé placé après un temps d'avoir ou d'être, ne s'analyse pas comme participe, mais on le laisse uni à l'auxiliaire pour l'analyser comme un temps composé du verbe.

Pour l'adverbe   Adverbe — espèce — degré de signification — modifie tel mot.

Pour la préposition   Préposition, marque un rapport entre tel mot et tel autre

Pour l'interjection Interjection, marquant tel mouvement de l'âme.

MODÈLE D'ANALYSE GRAMMATICALE

Mon enfant, disait Tobie à son fils, aime Dieu par-dessus toutes choses et, quand je serai mort, honore ta mère, à qui tu as causé mille maux.

Mon   adjectif possessif, masculin, singulier, détermine enfant.

enfant   nom commun, masculin, singulier, mis en apostrophe.

disait   3ᵉ personne, singulier, imparfait de l'indicatif du verbe actif *dire, disant, dit, je dis, je dis*, 4ᵉ conjugaison.

Tobie   nom propre, masculin, singulier, sujet de disait.

à   préposition, marque un rapport entre fils et disait.

son   adjectif possessif, masculin, singulier, détermine fils.

fils   nom commun, masculin, singulier, complément indirect de disait.

aime   2ᵉ personne, singulier, impératif du verbe actif *aimer, aimant, aimé, j'aime, j'aimai*, 1ʳᵉ conjugaison.

Dieu	nom propre, masculin, singulier, complément direct de aime.
par-dessus	locution prépositive, marque un rapport entre choses et aime.
toutes	adjectif indéfini, féminin, pluriel, se rapporte à choses.
choses	nom commun, féminin, pluriel, complément indirect de aime.
et	conjonction, unit honore à aime.
quand	conjonction, unit je serai mort à honore.
je	pronom personnel, 1re personne, masculin, singulier, sujet de serai mort.
serai mort	1re personne, singulier, futur antérieur indicatif du verbe neutre *mourir, mourant, mort, je meurs, je mourus,* 2e conjugaison.
honore	2e personne, singulier, impératif du verbe actif *honorer, honorant, honoré, j'honore, j'honorai,* 1re conjugaison.
ta	adjectif possessif, féminin, singulier, détermine mère.
mère	nom commun, féminin, singulier, complément direct de honore.
à	préposition, marque un rapport entre qui et as causé.
qui	pronom relatif, féminin, singulier, 3e personne, complément indirect de as causé.

as causé   2ᵉ personne, singulier, passé indéfini indicatif du verbe actif *causer, causant, causé, je cause, je causai,* 1ʳᵉ conjugaison.

mille   adjectif indéfini, masculin, pluriel, se rapporte à maux.

maux   nom commun, masculin, pluriel, complément direct de as causé

Nota. — Le mot *mille,* quand il veut dire *dix fois cent,* est un adjectif numéral cardinal; quand il signifie *un grand nombre de,* il est adjectif indéfini.

5. On emploie dans certaines phrases des mots que l'analyse doit laisser de côté, parce que réellement ils n'ont aucune fonction et qu'ils sont inutiles au sens.

Par exemple : *Il est nécessaire d'étudier.*

Les mots *il* et *de* peuvent être supprimés, car le sens est : *Étudier est nécessaire.*

Les prépositions *à* et *de* se placent quelquefois devant un mot qui est complément direct. Dans ce cas, on les appelle prépositions apparentes, car si elles sont autorisées par l'usage, elles n'en sont pas moins sans fonction, car elles n'expriment pas de rapport entre deux mots.

Il aime à jouer.
Il causera de la peine à ses parents.
Ils avaient du courage.

Les mots *à jouer, de la peine, du courage,* malgré les prépositions *à* et *de* sont des compléments directs, car ils répondent à la question *quoi* faite après le verbe.

6. Le mot *de* qui se met quelquefois devant un adjectif suivi d'un nom pluriel et pris dans un sens partitif, est mis pour *des* et ne peut être une préposition. Il doit être analysé comme article partitif.

Nous avons de beaux chevaux.
Il ne faut lire que de bons livres.

7. Le mot *des* peut être ou un article partitif ou un article composé. Dans le premier cas il est le pluriel de *un*, dans le second il est mis pour *de les*.

Nous avions des parents bien laborieux.
La vie des hommes est plus courte que celle des corneilles.

Dans la première phrase, *des* est un article partitif.
Dans la seconde, c'est un article composé.

8. En français le même mot ne doit pas toujours être analysé de la même manière. Le sens indique facilement les changements qu'il faut faire.

Le mot *personne* précédé de l'article ou des mots *une*, *des*, est un substantif féminin.

La personne que je quitte m'a beaucoup parlé de vous.

Quand il signifie *aucun homme*, *aucune femme*, *quelqu'un*, *qui que ce soit*, il est pronom indéfini.

Personne ne sera de votre avis.
Est-il personne qui soit aussi charitable que votre mère ?
J'en suis aussi étonné que personne.

Le mot *en* peut être préposition quand il a le sens de *dans* :

En Asie comme en Europe.

Il est pronom quand il veut dire *de lui, d'elle d'eux, d'elles* ou *de cela*.

Nous en parlions.

Ne vous en occupez pas.

Il est adverbe quand il veut dire *de là*.

Nous en sortions quand vous êtes entré.

Enfin il signifie *comme* et peut être pris comme conjonction. *Il a agi en honnête homme*, c'est-à-dire *comme un honnête homme aurait agi*.

Nous pourrions citer une infinité d'autres exemples; mais un peu de réflexion lèvera dans tous les cas toutes les difficultés.

ANALYSE LOGIQUE

1. Une phrase est une suite de mots représentant un sens complet.

2. La proposition est l'énonciation d'un jugement.

Le jugement est une opération de l'esprit par laquelle, comparant un objet et une qualité, on décide que la qualité convient ou ne convient pas à l'objet. Ainsi je compare *Dieu* et la qualité marquée par l'adjective *juste*, et *jugeant* que la qualité convient à Dieu, je prononce mon jugement par la proposition : *Dieu est juste.*

3. Il y a dans une phrase autant de propositions qu'il y a de verbes à un mode personnel ; mais, avant de compter les verbes, il faut rétablir dans la phrase ceux qui auraient pu être sous-entendus. Ainsi, dans cette phrase :

Les Romains étaient plus habiles que les Gaulois,

il y a deux proprositions, parce que la phrase doit être complétée de cette manière :

Les Romains étaient plus habiles que les Gaulois n'étaient habiles.

4. L'analyse logique, ainsi nommée du mot grec *logos*, qui veut dire discours, pensée, s'occupe des pensées ou des jugements ; elle distingue dans une

phrase chaque proposition, donne la nature de chacune et en explique toutes les parties.

PARTIES CONSTITUTIVES DE LA PROPOSITION

5. Dans toute proposition, il y a au moins trois parties, qu'on appelle *sujet, verbe* et *attribut.*

6. Le sujet est l'objet auquel on affirme qu'une qualité convient ou ne convient pas.

Il peut être exprimé :

Par un nom, comme : Noé *planta la vigne.*

Par un pronom : Nous *avons nos droits et nos devoirs.*

Par un adjectif pris substantivement : Les hypo-crites *sont plus à craindre que* les méchants.

Par un infinitif : *Il est nécessaire de* travailler.

Par une proposition tout entière : *Il importe* que la loi soit respectée.

Enfin par tout mot pris comme substantif : Vos pourquoi *ne m'embarrassent pas;* les qu'en dira-t-on *ne m'inquiètent guère.*

7. Le verbe, dans l'analyse logique, ne peut être que le verbe *être*, lequel ne peut avoir aucun complément et ne peut même être modifié par un adverbe.

S'il se présente un autre verbe à un mode person-nel, il faut le décomposer en deux parties, dont l'une est le verbe être au même nombre, au même temps, à la même personne que le verbe qu'on décompose, et dont l'autre doit être le participe présent de ce même verbe, lequel participe devient attribut.

Nous mourrons = nous serons mourant.
Ils sont partis = ils ont été partant.
Vous vous seriez repentis = vous auriez été vous repentant.

8. L'attribut représente la qualité, la manière d'être qu'on affirme convenir ou ne pas convenir au sujet.

Il peut être exprimé :

Par un adjectif : *Nous ne sommes pas toujours* CONTENTS *de nous-mêmes*.

Par un participe présent ou passé : *Ils ont été* REVENANT *à huit heures*.

Par un nom pris adjectivement : *Alexandre était* ROI *de Macédoine*.

Par un pronom : *Votre Dieu sera* LE MIEN.

REMARQUE. — Le participe passé ne peut être attribut que quand il fait partie d'un verbe passif.

COMPLÉMENTS

9. On trouve souvent dans une proposition une quatrième partie, qu'on appelle *complément*.

On entend par *complément logique*, tout mot ou toute suite de mots servant à compléter le sujet ou l'attribut.

L'homme constant dans ses principes jouit de l'estime des honnêtes gens.

Sujet logique : *L'homme constant dans ses principes*.

Verbe : *Est.*

Attribut : *Jouissant de l'estime des honnêtes gens.*

Il est bon de remarquer qu'un complément qui dépend d'un autre complément ne doit pas, dans l'analyse logique, être signalé comme complément.

Ici, le sujet *l'homme* a pour complément : *constant dans ses principes,* et l'attribut *jouissant* a pour complément : *de l'estime des honnêtes gens.*

10. On distingue plusieurs espèces de complément :

Le complément direct.

Le complément indirect, qu'on appelle dans certains cas complément déterminatif.

Le complément modificatif.

Le complément circonstanciel, qui quelquefois s'appelle complément adverbial.

Et le complément attributif.

11. Le complément direct est celui qui complète le sens d'un verbe actif sans le secours d'une préposition.

Vaincre ses *passions* est le plus beau triomphe.
Quelle mère n'aime pas (est n'aimant pas) *ses enfants* ?

Quelquefois on met devant le complément direct les mots *à* ou *de*; mais alors la préposition n'est qu'apparente ; car le mot qui suit répond aussi bien à la question *qui* ou *quoi* faite après le verbe actif.

Il a cherché *à* me nuire.
Je me rappelle *d'*avoir vu votre oncle à Alger.

12. Le complément indirect complète le sujet ou

l'attribut à l'aide d'une préposition exprimée ou sous-entendue.

> Nous parlions *de vous*.
> Il est parti *pour Rome*.
> Nous *lui* accordons toute notre confiance.

13. Quand un nom, un pronom ou un infinitif dépend d'un autre nom ou d'un autre pronom au moyen d'un des mots *de, du, des,* ce complément s'appelle mieux complément déterminatif que complément indirect.

> Chacun *de nous* a ses défauts.
> Le Sénat *de Rome* alla au-devant de Varron.
> L'occasion *de faire* le bien se présente souvent.

14. Le complément circonstanciel complète le sujet ou l'attribut en y ajoutant une idée de temps ou de manière. Il répond à l'une des questions : comment, quand, depuis quand, jusqu'à quand, en combien de temps, pour quand, pour combien de temps.

> Nous partirons *quand vous voudrez*.
> Il viendra *dimanche*.
> Il est parti *depuis quinze jours*.
> Il s'est exprimé *en ces termes*.

15. Si le complément circonstanciel est exprimé par un adverbe ou une locution adverbiale, on peut l'appeler complément adverbial.

> Il a agi *sagement*.
> Il s'est exprimé *avec fermeté*.
> Nous terminerons l'affaire *à l'amiable*.

16. Le complément modificatif exprime une qualité

ou une manière d'être du sujet ou de l'attribut, dont il ne peut être séparé par le verbe être.

Il peut être exprimé :

Par un adjectif :

Les *bonnes* mères ne sont pas rares.

Par un participe présent ou passé :

Les leçons *bien étudiées* rendent les devoirs plus faciles.

Par un nom mis en apposition :

Alexandre, *roi* de Macédoine, mourut à Babylone.

Par une proposition commençant par un pronom relatif ou l'un des adverbes *où*, *d'où*, *par où*, qui sont les équivalents d'un pronom relatif.

L'homme *qui travaille*, ne connaît pas l'ennui.
Le pays *d'où nous venons*, est loin de valoir la France.

17. Le complément attributif, qu'on pourrait aussi appeler second attribut, exprime plus que l'attribut lui-même, la qualité qu'on affirme convenir ou ne pas convenir au sujet. Du reste, il est facile de reconnaître le complément attributif ; car, si l'on retranche l'attribut véritable, c'est le complément attributif qui deviendra lui-même attribut.

Cicéron fut nommé *consul*.
Aristide mourut (fut mourant) *pauvre*.
Tu deviendras (seras devenant) *célèbre*.

Les mots *consul*, *pauvre*, *célèbre* sont compléments attributifs, car en retranchant les attributs *nommé*, *mourant*, *devenant*, il nous reste :

Cicéron fut consul.
Aristide fut pauvre.
Tu seras célèbre.

phrases où les mots *consul*, *pauvre* et *célèbre* deviennent attributs.

QUALITÉS DU SUJET ET DE L'ATTRIBUT

18. Le sujet est simple, quand il ne représente qu'un seul objet ou des objets de même nature pris collectivement.

César conquit la Gaule en dix ans.
Les *Romains* ont détruit Carthage.

19. Le sujet est composé, quand il représente plusieurs objets de nature différente.

L'ambition et l'avarice causent bien des maux.

20. L'attribut est simple, quand il ne représente qu'une seule manière d'être du sujet.

Cet élève est *laborieux*.

21. L'attribut est composé, quand il représente plusieurs qualités du sujet.

Cette leçon est courte et facile.

22. Le sujet et l'attribut sont complexes, quand ils ont un ou plusieurs compléments.

Un *bon* prince est aimé *de ses sujets*.

23. Le sujet et l'attribut sont incomplexes, quand ils n'ont pas de complément.

Les vacances sont agréables.

ESPÈCES DE PROPOSITIONS

24. Il y a trois espèces de propositions : la principale, l'incidente et la subordonnée.

25. La proposition principale est celle qui a la principale importance dans la phrase; elle ne dépend d'aucune autre et ne commence ni par un pronom relatif, ni par une conjonction de subordination.

26. L'incidente commence par un pronom relatif ou par l'un des adverbes *où*, *d'où*, *par où*, qui peuvent être remplacés par un pronom relatif.

Voilà la place *où* fut livrée la bataille.

On pourrait dire :

Voilà la place *dans laquelle* fut livrée la bataille.

L'incidente est ainsi appelée parce qu'elle tombe ou s'appuie sur un nom ou pronom précédent qui s'appelle l'antécédent du pronom relatif.

27. La subordonnée dépend d'une autre proposition, ou de l'un des termes d'une autre proposition, auquel elle est jointe par une conjonction de subordination, par un des adverbes conjonctifs *combien* et *comment*, par l'adjectif indéfini *quel*, *quelle*, par *qui* signifiant *quel homme*, par *que* signifiant *quelle chose* et par *quel que*, *quelle que*.

Les conjonctions se divisent en conjonctions de rapprochement et en conjonctions de subordination.

Les conjonctions de rapprochement, qui peuvent précéder toutes les espèces de propositions et qui ne comptent pour rien dans l'analyse logique, sont : *et*, *ou*, *ni*, *mais*, *car*, *or*, *donc*, *cependant*, *pourtant*, *c'est pourquoi*, et la conjonction *aussi* signifiant *c'est pourquoi*.

Les autres conjonctions sont appelées conjonctions de subordination, parce qu'elles précèdent toujours une subordonnée. Ces conjonctions sont : *que, si, comme, quand, pourquoi, puisque, lorsque, quoique,* et toutes les locutions conjonctives contenant la conjonction *que : parce que, tant que, tandis que, jusqu'à ce que, afin que, pour peu que, vu que, à moins que, de peur que,* etc.

ESPÈCES DE PRINCIPALES

28. Quand une proposition principale forme à elle seule une phrase, on l'appelle principale absolue.

Nous ne pouvons cacher à Dieu nos pensées, même les plus secrètes.

29. Si dans une phrase composée de plusieurs propositions, une seule est principale, il suffit de lui donner le nom de principale.

Dieu ne peut favoriser les enfants qui font du chagrin à leurs parents.

30. Enfin, quand une phrase contient plusieurs principales, la première énoncée ou plutôt celle qui devrait être énoncée la première, s'appelle première principale ; toutes les autres principales de la phrase sont appelées principales relatives ou coordonnées.

Je veux, disait Solon, que, dans les discordes civiles, tous les citoyens entrent dans l'un des deux partis, car les bons étant plus nombreux que les méchants, c'est toujours le parti des honnêtes gens qui finira par avoir le dessus.

Dans cette phrase, la première principale est : *Solon*

disait; les deux autres principales *je veux* et *c'est le parti des honnêtes gens....* sont des principales relatives ou coordonnées.

ESPÈCES D'INCIDENTES

31. Il y a deux espèces de propositions incidentes : l'incidente déterminative et l'incidente explicative.

Le mot déterminatif signifiant *qui pose des bornes,* nous pouvons dire que l'incidente déterminative est ainsi appelée parce qu'elle pose des bornes au sens de l'antécédent.

Cette incidente ne pourrait être retranchée sans détruire ou dénaturer le sens de la phrase.

Les hommes *qui cherchent à tromper,* ne méritent que le mépris.

Louis XI est le prince qui a le plus agrandi la France.

32. La proposition incidente explicative laisse à l'antécédent toute l'étendue de sa signification, et comme elle n'exprime qu'une action utile, mais non nécessaire, on peut la retrancher sans détruire le sens.

Dieu, qui noya le genre humain, a sauvé Noé du naufrage.

Les passions, qui sont les maladies de l'âme, viennent de notre révolte contre la raison.

ESPÈCES DE SUBORDONNÉES

33. Toute subordonnée qui commence par la conjonction *que* et qui sert de sujet à un premier verbe s'appelle *subordonnée apparente.*

Il est juste *que les méchants soient punis.*

Quelquefois cette subordonnée est représentée par un infinitif précédé de la préposition *de*; mais alors cette préposition peut se tourner par *que* ou par *si*, en remplaçant l'infinitif par un autre temps du verbe :

Peu m'importe d'être riche ou pauvre.

On pourrait dire :

Peu m'importe que je sois riche ou pauvre.

ou bien :

Si je suis riche ou pauvre.

34. Toute proposition qui commence par *que* et qui exprime le second terme d'une comparaison s'appelle *subordonnée comparative* :

Il est plus riche *qu'on ne croit*.
Thémistocle n'était pas aussi juste qu'Aristide.
La science est moins précieuse que la vertu.

35. Toute subordonnée qui se trouve être le complément direct d'un premier verbe s'appelle *subordonnée complétive* :

Je ne sais *quand il viendra*.
Vous voyez *combien je vous aime*.
Savons-nous *si nous vivrons demain* ?
Dites-moi donc *par où vous avez passé*.

36. Souvent une subordonnée complétive dépend d'un mot qui ne saurait avoir de complément direct ; mais le sens fait facilement trouver le verbe actif qui gouverne la subordonnée complétive.

Je suis convaincu ou persuadé qu'il a voulu me tromper.
Le bruit court que les ennemis approchent.
Il y a espérance qu'on sauvera le malade.
Interrogée pourquoi elle avait fait une action si honteuse, elle se mit à pleurer.

Nous retrouvons nos subordonnées complétives, si nous disons :

Je crois fermement qu'il a voulu me tromper.
On publie que les ennemis approchent.
Nous espérons qu'on sauvera le malade.
Quand on lui demanda pourquoi elle avait fait une action si honteuse, elle se mit à pleurer.

37. Souvent aussi, la subordonnée complétive dépend d'un verbe sous-entendu ; mais rien de plus facile que de rétablir la phrase complète :

Qu'on appelle mon fils, qu'il vienne se défendre.

Le sens amène tout de suite :

Je veux ou j'ordonne qu'on appelle mon fils, et qu'il vienne se défendre.

38. En français, dans un grand nombre de phrases, un infinitif précédé ou non de la préposition *de* représente une subordonnée complétive. Toutes les fois que cet infinitif peut se remplacer par un autre temps du même verbe, précédé de la conjonction *que*, il faut faire ce changement et analyser la subordonnée complétive ainsi rétablie.

Il espère partir demain.
Vous croyez avoir beaucoup gagné.
Vous comptiez retirer plus d'argent de cette propriété.
Je me rappelle de vous avoir vu chez mon oncle.

Ces phrases seront changées ainsi pour en faire l'analyse :

Il espère qu'il partira demain.
Vous croyez que vous avez beaucoup gagné.
Vous comptiez que vous retireriez plus d'argent de cette propriété.
Je me rappelle que je vous ai vu chez mon oncle.

39. Enfin on trouve souvent un infinitif après les mots *comment, pourquoi, qui, que* ou *quel* interrogatifs. Il faut alors demander au sens la principale sous-entendue et remplacer l'infinitif par un autre temps du verbe, qui rétablisse la subordonnée complétive.

Que faire ?
Qui choisir ?
Quel parti prendre ?
Comment se tirer d'un tel embarras ?
Pourquoi pleurer, puisque votre mal est sans remède ?

Ces phrases, avant qu'on en fasse l'analyse, devront être changées ainsi :

Je demande quelle chose nous ferons.
Dites-moi qui nous choisirons.
Je ne sais quel parti nous prendrons.
Je demande comment nous nous tirerons d'un tel embarras.
Dites-moi pourquoi vous pleurez, puisque votre mal est sans remède.

40. La subordonnée circonstancielle est celle qui exprime dans quelle circonstance se fait une autre action. La subordonnée circonstancielle tombe ainsi non sur un terme d'une autre proposition, mais sur une autre proposition tout entière.

Si tu es riche, donne beaucoup aux pauvres.
Quand la bonne foi règne, la parole suffit.

Il est bon de remarquer que presque toujours la subordonnée circonstancielle peut changer de place dans la phrase. Ainsi, nous dirons tout aussi bien :

Donne beaucoup aux pauvres, si tu es riche.
La parole suffit, quand la bonne foi règne.

41. Souvent un nom et un participe représentent une subordonnée circonstancielle ; mais on peut la compléter, avant de faire l'analyse.

Les parts étant faites, le lion parla ainsi.

La phrase complète deviendra :

Quand les parts furent faites, le lion parla ainsi.

42. Il y a aussi des propositions qui expriment le résultat de l'action d'un premier verbe. On les appelle subordonnées résultantes.

Il a reçu tant de coups qu'il en est mort.
Il est si méchant que tout le monde le fuit.

43. Toutes les propositions, principales, incidentes ou subordonnées peuvent être pleines, elliptiques, redondantes, directes ou inverses.

44. Une proposition est pleine quand elle contient toutes les parties nécessaires à l'analyse et qu'elle ne contient rien de plus.

45. Une proposition est elliptique, quand un ou plusieurs mots nécessaires à l'analyse ne sont pas exprimés. Alors le sens fait trouver facilement les mots dont on a besoin pour faire l'analyse.

Carthage était en Afrique.
Nous ne sommes pas d'accord.
Sem habita l'Asie, et Cham, l'Afrique.

Pour détruire l'ellipse, nous dirons :

Carthage était située en Afrique.
Nous ne sommes pas tombés d'accord.
Sem habita l'Asie, et Cham habita l'Afrique.

46. Une proposition est redondante quand, pour donner plus de force à l'expression, on répète une des parties de la proposition, qui contient alors un pléonasme.

Que me fait à moi cette Troie où je cours ?
Toi, tu es riche, et moi je manque du nécessaire.

En supprimant le pléonasme, il reste pour l'analyse :
Que me fait cette Troie où je cours ?
Tu es riche, et je manque du nécessaire.

47. L'ordre direct demande qu'on place d'abord le sujet et ses compléments, puis le verbe et l'attribut, ensuite l'adverbe, le complément direct et enfin les autres compléments.

Toutes les fois que cet ordre est suivi, la proposition est directe ; dans tout cas contraire, la proposition est inverse.

Un jeune enfant de cette tribu déposa alors ses offrandes sur l'autel. (*Proposition directe.*)
Voilà la place où fut livrée la bataille. (*Proposition inverse.*)

Un adjectif qui se place mieux devant son substantif qu'après ; un pronom personnel ou un pronom relatif placé devant le verbe dont il est complément, ne rendent pas la proposition inverse.

Une *bonne* conduite est la source du *vrai* bonheur.
Nous n'oublierons pas les devoirs *que* nous avons à remplir.

48. Il y a encore inversion quand une subordonnée est placée avant la proposition dont elle dépend.

Tant que tu seras heureux, tu compteras beaucoup d'amis ; mais, dès que la fortune te sera contraire, tu seras seul.

49. Quand une proposition est représentée par un mot qui n'est par lui-même ni sujet, ni verbe, ni attribut, ni complément, cette proposition s'appelle proposition implicite.

Ici encore il faut demander au sens comment on doit rétablir la proposition complète.

Hélas ! je vous plains de tout mon cœur.

Le seul mot *Hélas !* signifie : *je suis désolé.*
Chut ! veut dire : *faites silence.*

Les mots *oui* et *non* représentent aussi une proposition implicite.

Aimez-vous vos parents? Oui.
Avez vous vu mon fils? Non.

Le mot *oui* peut être remplacé par : *je les aime.*
Et le mot *non* veut dire : *je ne l'ai pas vu.*

50. Nous donnons ci-dessous un modèle d'analyse logique, pour bien faire comprendre les principes que nous venons de donner.

Celui qui ne prêtait pas secours à l'homme que maltraitaient des brigands, était puni en Egypte comme les auteurs du mal, à moins qu'il ne prouvât que, quoiqu'il eût vu les scélérats, il lui avait été tout à fait impossible de secourir la victime.

Cette phrase renferme sept propositions.

1o Celui...était puni en Egypte.
2o Comme les auteurs du mal étaient punis.
3o Qui ne portait pas secours à l'homme.
4o Que maltraitaient des brigands.
5o A moins qu'il ne prouvât...
6o Qu'il lui avait été tout à fait impossible de secourir la victime.
7o Quoiqu'il eût vu les scélérats.

Première principale.

Celui.... était puni en Egypte.

Sujet : *celui;* simple et complexe, à cause du complément modificatif *qui ne portait pas secours à l'homme.*

Verbe : *était.*

Attribut : *puni;* simple et complexe, à cause du complément indirect *en Egypte.*

Subordonnée circonstancielle.

Comme les auteurs du mal étaient punis.

Sujet : *les auteurs;* simple et complexe, à cause du complément déterminatif *du mal.*

Verbe : *étaient.*

Attribut : *punis,* simple et incomplexe.

Incidente déterminative.

Qui ne portait pas secours à l'homme.

Sujet : *qui,* simple et incomplexe.

Verbe : *était.*

Attribut : *portant,* simple et complexe, à cause du complément adverbial *ne pas* — du complément direct *secours,* et du complément indirect *à l'homme.*

Incidente déterminative.

Que maltraitaient des brigands.

Sujets : *des brigands,* simple et incomplexe.

Verbe : *étaient.*

Attribut : *maltraitant,* simple et complexe, à cause du complément direct *que.*

Subordonnée circonstancielle.

A moins qu'il ne prouvât.

Sujet : *il*, simple et incomplexe.

Verbe : *fût.*

Attribut : *prouvant*, simple et complexe, à cause du complément direct *qu'il lui avait été impossible de secourir la victime.*

Subordonnée complétive.

Qu'il lui avait été tout à fait impossible de secourir la victime.

Sujet : *secourir*, simple et complexe, à cause du complément direct *la victime.*

Verbe : *avait été.*

Attribut : *impossible*, simple et complexe, à cause du complément indirect *à lui* et du complément adverbial *tout à fait.*

Subordonnée circonstancielle.

Quoiqu'il eût vu les scélérats.

Sujet : *il*, simple et incomplexe.

Verbe : *eût été.*

Attribut : *voyant*, simple et complexe, à cause du complément direct *les scélérats.*

Au lieu de faire écrire tous les détails de l'analyse, il est plus avantageux de faire faire des analyses de vive voix et de se contenter de faire écrire séparément les propositions d'une phrase, en indiquant la nature de chacune d'elles.

GALLICISMES.

51. Le *gallicisme* est une tournure propre à la langue française et dont l'analyse ne peut rendre compte. Il faut le remplacer par une autre expression équivalente par le sens, mais construite de manière qu'on voie clairement toutes les propositions et toutes les parties qui les composent.

Il y a au ciel un Dieu tout puissant.
N'allez pas croire.
Je vais partir.
Il ne fait que jouer.
Il ne fait que de sortir.

Tous ces gallicismes seront ramenés aux formes suivantes, dont l'analyse sera facile :

Un Dieu tout puissant est (existant) au ciel.
Ne croyez pas
Je partirai bientôt.
Il joue continuellement.
Il est sorti tout à l'heure,

Je pourrais en citer beaucoup d'autres ; mais l'embarras sera petit, pour peu qu'on réfléchisse au moyen de les remplacer.

MANIÈRE DE TRADUIRE EN LATIN LES DIFFÉRENTES PROPOSITIONS

52. Les propositions principales et les incidentes se traduisent en latin comme en français.

Les Hébreux, que Dieu délivra de la servitude d'Egypte, vécurent quarante ans dans le désert. — Hebræi quos Deus ex servitude Ægyptiorum liberavit, quadraginta annos in deserto vixerunt.

Dans certains cas, le latin donne à la proposition française une tournure qui change la fonction des mots, et alors c'est la tournure qui se traduit en latin :

J'ai un livre = un livre est à moi. — Est mihi liber.

Les Romains se repentirent.—Romanos pœnituit (pœnitentia tenuit).

L'homme qui se repent est digne de pardon.— Vir quem pœnitet, veniâ dignus est.

Nous avons besoin d'indulgence.—Nobis indulgentiâ opus est.

Les enfants qui ont intérêt à suivre nos conseils, nous écoutent peu. — Pueri quorum interest nostra sequi consilia, parùm nos audiunt.

53. On met le subjonctif en latin au lieu de l'indicatif français, après le pronom relatif, quand son antécédent se trouve dans une subordonnée ou une infinitive et que la proposition incidente est déterminative.

Les impies nient qu'il y ait un Dieu qui gouverne le monde.—Impii negant Deum esse qui res humanas regat.

Il est prescrit à l'homme d'obliger ceux qu'il peut.— Homini præscribitur ut prosit quibus possit.

Mais on dirait, avec l'indicatif, en latin comme en français :

On sait qu'Alexandre, qui vainquit les Perses, mourut à Babylone. — Constat Alexandrum, qui Persarum fregit imperium, Babylone interiisse.

L'incidente *qui Persarum fregit imperium*, est une explicative.

54. La subordonnée apparente se traduit le plus souvent par la proposition infinitive, surtout si elle exprime une chose donnée comme positive.

Il est certain que Dieu voit tout. — Certum est Deum omnia cernere.

55. Quand l'action de la subordonnée apparente n'est pas donnée comme certaine, on la traduit mieux par *ut*, avec le subjonctif; mais on pourrait mettre aussi la proposition infinitive.

Il est nécessaire que vous avouiez qu'il y a un Dieu. — Necesse est ut fatearis Deum esse.

Il est juste que ces hommes soient punis. — Justum est ut isti homines puniantur.

ou :

Justum est istos homines puniri.

56. Quand la subordonnée apparente contient deux parties entre lesquelles on doit faire un choix, on met *utrùm* devant la 1re partie et *an* devant la seconde, avec le subjonctif.

Il faut remarquer aussi que cette double subordonnée peut commencer par *de* avec l'infinitif; mais toujours on peut remplacer cette préposition par la conjonction *que* suivie d'un autre temps du verbe.

Peu m'importe que vous soyez gai ou triste. — Parvi meâ
refert utrùm sis hilaris an tristis.

Peu lui importait d'être riche ou pauvre. — Parvi ejus referebat utrùm dives esset an pauper.

On pourrait remplacer *utrùm* par *ne*.

Parvi ejus referebat divesne esset an pauper.

On pourrait même dire :

Parvi ejus referebat divesne pauperne esset.
Parvi ejus referebat dives an pauper esset.

57. La proposition subordonnée comparative commence en latin par *quàm* et se traduit pour le reste
comme en français.

Il est plus savant que vous ne pensez. — Doctior est quàm
putas.
Les Gaulois étaient moins habiles que les Romains. — Galli
minus erant periti quàm Romani.

Quand on applique la règle *doctior Petro* en supprimant le *que* français, il n'y a plus en latin de proposition comparative, car l'ablatif, qui exprime le second terme de comparaison, n'est plus qu'un simple
complément.

58. Quand la subordonnée comparative dépend
d'un des adverbes *aussi, tant, autant*, le *que* de la subordonnée comparative s'exprime de différentes ma-
nières, comme on le voit dans les exemples ci-dessous.

Il est aussi prudent qu'habile. — Tam prudens est quàm
peritus.
Il y a autant de fruits que de fleurs. — Tot sunt fructus quot
flores.
Je vous estime autant que je vous aime.— Tanti te facio quantùm te amo.

Il a autant travaillé qu'il a pu. — Tantùm laboravit quantùm potuit.

59. On peut encore considérer comme comparatives les propositions commençant par *que* et dépendant des adjectifs *autre, le même, tel.*

Quand on exprime *tel, telle* par *is, ea, id,* on doit exprimer le *que* suivant par *qui, quæ, quod,* et alors la comparative française devient incidente déterminative en latin.

Non is est filius qui pater.— Le fils n'est pas tel que le père.

Quand on exprime *tel* par *talis,* le *que* suivant s'exprime par *qualis* et alors on peut appeler la seconde subordonnée comparative.

Non sunt tales filiæ qualis mater. — Les filles ne sont pas telles que la mère.

Après *idem, eadem, idem,* on traduit *que* par *qui, quæ, quod,* ce qui amène une incidente déterminative.

Iisdem libris utor quibus tu. — Je me sers des mêmes livres que vous.

Le *que* après *autre, autrement* se traduit par *quàm,* et alors on a une subordonnée comparative.

Longè alia est tua mater quàm vidi olim. — Votre mère est tout autre que je ne l'ai vue autrefois.

Mais souvent après *idem* et *alius,* on exprime *que* par *ac, atque.* Alors il n'y a plus de subordonnée comparative ; mais la proposition qui commence par *ac* ou *atque* est de même nature que celle où se trouve *idem* ou *alius.*

Est animus ergà te idem ac fuit. — Mes dispositions sont pour vous les mêmes qu'elles étaient.

Sœpè fit aliud ac (*ou* atque) existimamus. — Il arrive souvent autre chose que nous ne croyons.

60. La proposition subordonnée complétive se traduit en latin par la proposition infinitive, quand elle commence par *que* et qu'elle exprime une action donnée comme certaine.

Je crois que Dieu est saint. — Credo Deum esse sanctum.
Vous croyez être heureux. — Credis te esse beatum.
Le bruit courait que les ennemis approchaient. — Fama erat adventare hostes.
Il y a espérance que le malade sera guéri. — Spes est ægrotum sanatum iri.

61. Si la complétive commençant par *que* exprime une action incertaine, il faut se servir de *ut* avec le subjonctif.

Je demande que tu te détournes un peu de mon soleil. — Te rogo ut paululùm à sole discedas.

Remarque. — Après *spero* et *jubeo*, quoique la seconde action ne soit pas certaine, on met toujours la proposition infinitive.

Après *volo, nolo, malo, cupio, opto*, on peut mettre la proposition infinitive, ou le subjonctif avec *ut*.

Volo vos benè sperare. — Je veux que vous ayez confiance.
Volo ut mihi respondeas. — Je veux que vous me répondiez.
Cupiebat et optabat ut peccaret amicus. — Il désirait et souhaitait que son ami eût des torts.
Cupio me esse clementem. — Je désire être clément.

Avec *volo*, on met souvent le participe passé passif au lieu de l'infinitif.

Eâ te curâ liberatum volo. — Je veux vous délivrer de ce souci.

62. Après certains verbes, la subordonnée complétive exprimant une chose incertaine, on emploie le subjonctif avec certaines conjonctions *ut*, *ne*, *nùm*, *an*, *quin*, *quominùs*, *dum* ou *donec*, *cur*, etc.

Je vous conseille de lire. — Suadeo tibi ut legas.

Je vous conseille de ne pas jouer. — Suadeo tibi ne ludas.

Je crains que le maître ne vienne. — Timeo ne præceptor veniat.

Je crains que le maître ne vienne pas. — Timeo ut præceptor veniat.

Dieu nous défend de mentir. — Deus prohibet ne mentiamur.

Je ne vous empêche pas, qui vous empêche de partir? — Non impedio, quis impedit quin proficiscaris?

Je doute qu'il se porte bien. — Dubito an (*ou* nùm) valeat.

Je ne doute pas qu'il ne se porte bien. — Non dubito quin valeat.

J'attends que le roi arrive. — Exspecto dum rex adveniat.

La maladie a été cause que je ne suis pas allé vous voir. — Morbus causa fuit cur te non inviserim.

Après les quatre verbes *moneo*, *dico*, *scribo*, *persuadeo* et leurs synonymes, le *de* français s'exprime par *ut* avec le subjonctif et le *que* français amène la proposition infinitive.

Avertissez-le de prendre garde à lui. — Mone illum ut sibi caveat.

Ecrivez-lui de venir tout de suite. — Ad illum scribe ut quàm celerrimè adveniat.

Vous ne me persuaderez jamais qu'il n'y a pas de Dieu. — Nunquàm mihi persuadebis Deum non esse.

63. Après certains verbes, *de* peut se tourner par *de ce que*, et s'exprime par *quòd*, avec l'indicatif ou le subjonctif.

Je me réjouis de vous avoir été utile. — Gaudeo quod tibi profui.
Quod tibi profuerim.
et même :
Me tibi profuisse.

64. Toutes les subordonnées complétives qui ne commencent pas par *de* ou *que*, se traduisent comme en français, mais avec le verbe au subjonctif. Il y a bien changement de mode, mais jamais changement de temps.

Vous ne savez pas qui je suis. — Nescis quis ego sim.
Vous voyez combien je vous aime. — Vides quantùm te amem.
Interrogée pourquoi elle disait cela. — Interrogata cur hoc diceret.
Personne ne savait quelle ville lui avait donné naissance. — Nemo sciebat quæ urbs eum genuisset.
Cherchez lequel des deux a dressé des embûches à l'autre.— Quære uter utri insidias fecerit.

65. Cependant quand le verbe qui gouverne la subordonnée complétive et interrogative n'est pas exprimé, on laisse d'habitude le verbe latin au même temps et au même mode qu'en français.

Quelle heure est-il ? — Quota hora est ?
Comment vous portez-vous ? — Quomodo te habes ?

Mais si le verbe de la principale était exprimé, il faudrait que le verbe de la subordonnée fût au subjonctif.

Dic mihi quota hora sit.
Ad me scribe quomodo te habeas.

66. Après *quis, quæ, quid,* on met le présent du subjonctif pour traduire le futur absolu ou le conditionnel présent.

Qui croira ? — Quis credat ?
Qui n'admirerait une telle action ? — Quis non illud factum miretur ?

67. Lorsque le verbe de la subordonnée complétive est au futur de l'indicatif ou au conditionnel, on est obligé, puisque le subjonctif latin n'a pas de forme correspondante à ces deux temps, d'employer le participe futur avec *sim, sis, sit* pour traduire le futur absolu ; le participe futur avec *essem, esses* pour traduire le conditionnel présent ; le participe futur avec *fuissem, fuisset* pour traduire le conditionnel passé.

Nous ne pouvions dire s'il viendrait ?— Dicere non poteramus an venturus esset ?

68. Si le verbe de la proposition complétive est au futur ou au conditionnel passif, ou bien encore si le verbe de cette proposition n'a pas de participe futur en latin, on se sert :

De *futurum sit ut,* avec le subjonctif présent pour traduire le futur français, de *futurum esset ut,* avec l'imparfait du subjonctif, pour le conditionnel présent ; de *futurum fuisset ut,* avec l'imparfait du subjonctif, pour le conditionnel passé.

Nous ne savons pas si les ennemis seront repoussés. — Nescimus an futurum sit ut hostes repellantur.
Qui pouvait dire si la ville serait prise. — Quis dicere poterat an futurum esset ut oppidum caperetur.

Je ne sais s'il aurait voulu venir.— Nescio an futurum fuisset ut venire vellet.

Je ne sais quand il se repentira de ses erreurs. — Nescio quando futurum sit ut eum errorum pœniteat.

Pour traduire cette phrase : *Je crois que les ennemis seront repoussés*, on mettra : *Credo hostes repulsum iri* ou *Credo fore ut hostes repellantur.*

Si l'on disait : *Credo hostes repellendos esse*, le sens ne serait plus : *Je crois que les ennemis seront repoussés*, mais, *qu'il faut repousser les ennemis.*

Il est bon de remarquer que toutes les fois qu'on doit mettre le verbe de l'infinitive au futur de l'infinitif, on peut se servir de *fore ut* avec le subjonctif.

J'espère que le malade sera guéri. — Spero ægrum sanatum iri.

Ou :

Spero fore ut æger sanetur.

Nous croyions que les ennemis se retireraient. — Credebamus hostes esse recessuros.

Ou :

Fore ut hostes recederent.

69. La proposition subordonnée circonstancielle se traduit généralement comme en français, à moins que la conjonction latine ne demande un changement de mode ou de temps.

Si tu veux la paix, prépare la guerre. — Si vis pacem, para bellum.

Si tu viens, tu me feras plaisir. — Si venies, mihi pergratum facies.

Ou :

Si veneris, mihi pergratum feceris.

Puisque tu le veux, je le veux aussi. — Quùm id velis, et ego volo.

Si tu m'aimes, tu me défendras près de mon oncle. — Si me amas, apud avunculum meum me defendes.

Qui que tu sois, jeune homme. -- Quisquis es, ô juvenis.

Quelle que soit sa mémoire. — Quantacumque est ejus memoria.

Si tu le faisais, si tu l'avais fait à cause de moi. — Id si faceres, si fecisses causâ meâ.

Avant de revenir à l'objet de la délibération, parlons un peu de nous. — Antequàm ad sententiam redeo, pauca de nobis dicamus.

70. Il y a une foule de propositions subordonnées circonstancielles qu'on peut traduire par une proposition complète ou par un ablatif absolu ; mais l'ablatif absolu est préférable. Seulement l'ablatif absolu ne doit pas se mettre à la fin de la phrase.

Les parts étant faites, le lion parla ainsi. — Quum partes factæ sunt, sic locutus est leo.

Ou :

Partibus factis, sic locutus est leo.

Nous croyons utile de donner la liste des ablatifs absolus les plus usités.

A cette nouvelle. — Quo audito.

A mon avis. — Me judice.

Par le conseil Thémistocle. — Auctore Themistocle.

Du vivant de mon grand-père. — Vivo avo meo.

Sous la conduite de Miltiade. — Duce Miltiade.

Après avoir vaincu les ennemis. — Devictis hostibus.

A la faveur de la nuit. — Favente nocte.

Avec l'aide de Dieu. — Juvante Deo.

Par l'ordre du consul. — Jubente consule.

Peu de jours après. — Paucis interjectis diebus.

Sans aucun retard. — Nullâ interpositâ morâ.
A ces mots. — Quibus dictis *ou* his dictis.
Après la mort de Numa. — Mortuo Numâ.
Malgré ses parents. — Invitis parentibus.
Sans terminer la guerre. — Infecto bello.
Sous le consulat de Cicéron. — Cicerone consule.
Sous le consulat de Cicéron et d'Antoine. — Cicerone et Antonio consulibus.
Suivi d'une grande foule. — Magnâ comitante catervâ.
Sous les yeux des soldats. — Intuentibus militibus.
Du consentement de tous les gens de bien. — Volentibus omnibus bonis.
Sans la bonne foi. — Sublatâ fide.
Sans rire, plaisanterie à part. — Remoto joco.
Par les leçons de la nature. — Magistrâ naturâ.

71. Toute subordonnée résultante se traduit par *ut* avec le subjonctif, en conservant en latin le même temps qu'en français.

Il a reçu tant de coups qu'il en est mort. — Tot plagas accepit ut mortuus sit.

Cette étoile est si petite qu'on ne peut la voir. — Hæc stella tantula est ut perspici nequeat.

Si le verbe de la subordonnée résultante est au futur ou au conditionnel, on se servira du participe futur avec *sis, sim, sit* pour le futur; du même participe, avec *essem, esset*, pour le conditionnel présent, et avec *fuissem, fuisses* pour le conditionnel passé.

Il a été tellement blessé qu'il en mourra. — Adeo graviter vulneratus est ut moriturus sit.

Il serait si affligé de cette nouvelle qu'il en mourrait. — Adeo hoc nuntio commoveretur ut moriturus esset.

Il en aurait pris un tel chagrin qu'il en serait mort. — Tanto commotus esset mœrore ut moriturus fuisset.

Remarque. — Les latins emploient souvent *qui*,

quæ, quod, pour *is, ea, id* ou pour *ut* avec un pronom ; dans ces deux cas, la proposition commençant
par *qui, quæ, quod,* n'est pas incidente ; il faut la
considérer comme si elle commençait par *is, ea, id*
ou par la conjonction *ut.*

Quibus dictis est mis pour *his dictis.*

Misit qui me moneret. — Misit hominem ut ille me moneret.

Dignus est qui imperet doit s'analyer comme s'il y
avait *dignus est ut ille imperet.*

GALLICISMES

Nous avons dit déjà que le *gallicisme* est une tournure propre à la langue française qu'on ne peut analyser ni traduire d'après la tournure française.

Nous donnons ci-dessous une liste de gallicismes avec la traduction latine correspondante. Le mot à mot de la traduction latine serait l'équivalent français qui devrait remplacer le *gallicisme* pour en faire l'analyse.

A dire vrai. — Ut vera dicam.

A ne point mentir. — Ne mentiar.

C'est à dire. — Ut ità dicam.

A l'entendre parler. — Quem si loquentem audias.

Agir en consul. — Consulem agere.

Il s'agit, il y va, il est question de vos intérêts. — Tua res agitur.

N'allez pas croire. — Ne crede, ne credas *ou* ne credideris.

N'allez pas tomber. — Cave ne cadas .

Je vais partir, je dois partir, je suis sur le point, au moment, à la veille de partir. — Jamjam profecturus sum, *ou* in eo sum ut proficiscar.

Biens acquis à force de travail. — Bona multo labore quæsita.

Vous aurez beau crier. — Frustrà vociferabere.

Il eut l'audace, la hardiesse de se préférer à Diane. — Sustinuit *ou* ausus est se Dianæ anteponere.

Il eut le malheur de perdre son père. — Ei accidit ut patrem amitteret.

Il ne fait que jouer. — Perpetuo nugatur.

Il ne fait que de sortir. — Modo egressus est.

C'est honorer Dieu que de le connaître. — Deum colit qui novit.

Il s'y est pris trop tard, il en est pour sa peine, il a perdu son temps. — Acta egit.

Il est sorti sans fermer la porte. — Exiit nec fores clausit.

Il a commencé par être un pauvre berger, et il a fini par être un grand général. — Primùm fuit miser pastor et tanden dux magnus factus est.

Nous pourrions citer beaucoup d'autres gallicismes; mais les élèves trouveront dans toutes les grammaires, les moyens de les traduire en latin.

Epinal. — Imprimerie BUSY Frères.